रेत रेत लहू

जाबिर हुसेन की कविताएं

रेत रेत लहू

जाबिर हुसेन

राजकमल प्रकाशन

ISBN : 978-81-267-0162-9

मूल्य : ₹ 300

पहला संस्करण : 2001
दूसरा संस्करण : 2016

प्रकाशक : राजकमल प्रकाशन प्रा. लि.
अशोक राजपथ, साइंस कॉलेज के सामने
पटना-800 006

प्रधान कार्यालय : 1-बी, नेताजी सुभाष मार्ग, दरियागंज, नई दिल्ली-110 002
शाखाएँ : पहली मंज़िल, दरबारी बिल्डिंग, महात्मा गांधी मार्ग, इलाहाबाद-211 001
36 ए, शेक्सपियर सरणी, कोलकाता-700 017

वेबसाइट : www.rajkamalprakashan.com
ई-मेल : info@rajkamalprakashan.com

आवरण : तपन मित्रा

मुद्रक : बी.के. ऑफसेट
नवीन शाहदरा, दिल्ली-110 032

RET RET LAHOO
Poems by Jabir Husain

अपनी ये बेतरतीब
और बेख़ाब तहरीरें
उन उंगलियों को
सौंपता हूं
जो मुद्दतों
मेरी मेज़ पर रखे
कैलेंडर की तारीख़ें
बदलती रही हैं

क़ातिल
सर - ए - बाज़ार
पुकारे है
मेरा नाम

क़िस्सा
मेरा
मुहताज - ए - बयां
है कि नहीं है

खो जाएंगे
हम
शहर में ढूंढे
न मिलेंगे

तहज़ीब - ए - जुनूं
ख़ाब - ए - गिरां
है कि नहीं है

अनुक्रम

लम्हा लम्हा ख़्वाब

छोटी - छोटी कविताएं

लम्हा लम्हा ख़्वाब

दर्ज थी
जिन पे
दास्तां मेरी

खो गए हैं
वो
काग़ज़ात
कहीं

○

गोलियां
सब
लगी थीं
सीने पर

ज़ख़्म
क्यों
पीठ पर
उभर आये

○

आख़िर - ए - शब
सुकून की ख़ातिर
किसने
तन्हाइयों से
पोशीदा
ज़ेर - ए - लब
मौत की
दुआ
मांगी

○

क्या
घने बादलों ने
अफ़सुर्दा
पैकरों का
हिजाब
देखा है

○

इंतहा - ए - शौक़
की
जादूगरी

पत्थरों के
शहर में
शीशागरी

○

तुम्हारी नज़्र
करेंगे
शिकायतें
अपनी

हम अपने
खूं से
लिखेंगे
हिकायतें
अपनी

○

किस की राह तके है
कोई
अंधी गलियों में
सदियों से

ख़्वाबों के
आंचल फैलाये
आशाओं के
दीप जलाये

किस की राह तके है
कोई
अंधी गलियों में
सदियों से

○

बारहा
ज़िंदगी के
आंगन में
मौत को
शर्मसार
देखा है

○

जाने
कितनी सदियों से
हमने
अपनी आंखों में

दर्द के साये
पाले हैं

जाने
कितनी सदियों से
हमने
अपनी आंखों पे
ख़ौफ़ के साये
डाले हैं

तुम
आ जाओ तो
शायद
इन आंखों से
ख़ौफ़ का साया
हट जाये
दर्द की दुनिया
बंट जाये

○

किस - किस के नाम
जाए
मेरे नाम की ख़ता

पूछे हैं लोग
मुझ से

मेरे गांव का
पता

○

ख़ाबों का
जज़ीरा है
वो गांव
जहां
तुम हो

यादों का
सफ़ीना है
वो गांव
जहां
तुम हो

○

इस
तीरगी - ए - बज़्म में
देखेगा भला कौन
चेहरा तेरा
शीशे में अयां
है कि नहीं है

ऐ बाद - ए - सबा
अब के
ज़रा देख के आना
सब्ज़ा
मेरे गुलशन का
जवां
है कि नहीं है

○

पत्ते तो तैयार थे
लेकिन
शाख़ों ने
इंकार किया

दिल की
आवारा बस्ती पर
हमसायों ने
वार किया

○

यूं हुसेन खोए हैं
याद - ए - शहर - ए - खूबां में
जैसे बज़्म में
कोई
पुरसुकून हंगामा

○

कांपते हैं
चार सू
बर्ग - व - समर

क्यों
सबा
ठहरी
मेरे गुलशन में
आज

○

लम्हों का इंतज़ार
गवारा नहीं
अगर
सदियों के इंतज़ार
की
ज़हमत उठाइए

रुकिए
ज़रा सी देर
मेरे ग़मकदे में आप
आवारगी - ए - फ़िक्र की
सोहबत उठाइए

○

ले रहे हैं
वो

वफ़ा का
इम्तेहां
जो करे हैं
दावा - ए
चारागरी

उम्र भर की
क़ैद भी
मंज़ूर है
शेवा - ए - आह - व - फ़ुग़ां
नौहागरी

○

लिल्लाह
नफ़रतों की तनाबें
न खींचिए
आंखों में मेरी
अक्स - ए - रुख़ - ए
कर्बला भी है

शहर - ए - वफ़ा में
आप
अकेले नहीं हुसेन
दस्त - ए - जुनूं की
ज़द में
हमारा गला भी है

○

अबाबील

तुम मुझे पसंद हो
अबाबील
क्योंकि तुम
इंसानी ख़ाबों की तरह
कभी ज़मीन पर नहीं उतरतीं

बस थोड़ी देर
पेड़ की टहनियों
या
छत की मुंडेरों पर
रुकती हो
फिर उड़ जाती हो
उड़ती चली जाती हो

अबाबील
पेड़ की टहनियां और
छत की मुंडेरें

ख़ला में परवाज़ करते
तुम्हारे झुंड को
हसरत - भरी निगाहों से
देखती रहती हैं

पेड़ की टहनियों
और छत की मुंडेरों पर
उगनेवाली हसरतें
रेज़ा - रेज़ा
ज़मीन पर
बिखरती रहती हैं

उस ज़मीन पर
अबाबील
जहां तुम्हारे झुंड
नहीं उतरते
और जहां
हमारे जैसे ख़ाना - ख़राब
अपनी आब्ला - पाई का
नौहा पढ़ते होते हैं

इसीलिए
अबाबील
तुम मुझे पसंद हो

○

एक और शिलालेख

मैं एक
ख़ामोश शिलालेख हूं
लेकिन मैं सिर्फ
एक ख़ामोश शिलालेख नहीं

मेरा जन्म
इतिहास के गर्भ से हुआ है
और मैं ने अपनी
नंगी और खुली आंखों से
वो सब देखा और सहा है
जो आज से
पच्चीस साल क़बल
पाटलिपुत्र की
इस ज़मीन पर गुजरा हैं

मैं ने
बमों और गोलियों
बारूद और गैस
के अंधेरों को चीरते

हज़ारों-लाखों कदमों
की चाप
और करोड़ों दिलों की धड़कनें
सुनी हैं

मैं ने
आकाश में तैरते
विमानों से गिराए गए
बारूदी गोलों के
धमाके सुने हैं

मैने लाशें देखी हैं
गांव और शहर के
उत्साही जवानों के
खून से लथपथ
जिस्म देखे हैं

मैं ने
बहत्तर साल के एक
बूढ़े आदमी को
गांव के चौपाल से उठकर
पाटलिपुत्र की सड़कों पर
पसरते देखा है
मैं ने बहत्तर साल के
उस बूढ़े आदमी के हाथों में
एक लाठी देखी है

लेकिन मैं ने
उस एक लाठी के मुकाबले
वो सैकड़ों लाठियां भी
देखी हैं
जो
उस बूढ़े आदमी के संकल्प
और आज़ादी के लिए
उसकी वफ़ादारी को
तोड़ने के इरादे से
उसके कमज़ोर बदन पर
आ गिरी थीं

मैं ने देखा है
सब कुछ मैं ने देखा है

बल्कि मैं ने
यह भी देखा है कि
उस बूढ़े आदमी के बदन पर
टूटने वाली लाठियां
या जवानों के सीनों में
भोंकी गयी संगीनें
उनके हौसलों को
रौंदने में
नाकाम रही हैं
और यह भी कि
उनके कदमों की चाप ने

हमेशा
उनके दिल की धड़कनों का
साथ दिया है

और यह भी कि
हर हमले के बाद
वो
पहले से ज्यादा
उत्साह से आगे बढ़े हैं
और हमेशा
उनके रास्तों में
बिछाई गयी
बारूदी सुरंगें
उनकी कामयाबी की
सीढ़ियां बन गयी हैं

लोगो
मैं एक शिलालेख हूं
लेकिन मैं सिर्फ
एक शिलालेख नहीं
मेरे सीने पर दर्ज
अक्षरों के समूह
बोलते हैं
मेरी आवाज़
गूंजती है
सिर्फ संसद में नहीं

शहर और गांव की
सड़कों और गलियों में भी

यह आवाज़
हर उस जगह गूंजती है
जहां निरीह जनता
अपने हक़ के लिए
मुट्ठियां भींच - भींच कर
नारे लगाती है

लोगो
जहां तुम
इस वक्त खड़े हो
वहीं, ठीक वहीं
बहत्तर साल का
एक बूढ़ा आदमी
इंसाफ़ और बराबरी
आज़ादी और इज़्ज़त
की ख़ातिर
एक अहंकारी हुकूमत
के इशारे पर
हवा में तैरने वाली लाठियों से
ज़ख्मी हुआ था

और सैकड़ों - हज़ारों जवान
बहत्तर साल के

उस बूढ़े आदमी की
पुर - असर आवाज़ पर
पाटलिपुत्र की जमीन में
नींव की ईंट बनकर
बिछ गए थे

बहत्तर साल के
उस बूढ़े आदमी ने
अपने लहू से
यह जगह सींची है

लोगो
इस जगह का सम्मान करो
यह जगह
किसी देवता का
समाधि - स्थल नहीं
जनता का तीरथ है

○

कोना

जानना चाहा है
मैं ने
कि
आख़िर
क्यों दिखा है
मुझे
उल्टे पिरामिड की तरह
अपने घर का
यह कोना

जहां बैठ कर
मैं ने
मुद्दतों
कैनवस पर
रंग - बिरंगी
तस्वीरें उकेरी हैं

जानना चाहा है
मैं ने
कि
आख़िर
सूखे पत्तों की तरह

क्यों
दरक गयी है
मुद्दतों की
आज़मायी
रंगों की प्लेट

और
जानना चाहा है
मैं ने
कि
आख़िर
क्यों
झुलस गये हैं
मेरे ब्रश

जानना चाहा है
मैं ने
कि
आख़िर
लफ़्ज़ों की
इस ख़ूबसूरत दुनिया में
उल्टे पिरामिड की तरह
क्यों दिखा है
मुझे
अपने घर का
यह कोना

○

दीवार पर टंगी तस्वीर

देखी है
मैं ने
कई बार देखी है
दीवार पर टंगी
ये तस्वीर
जो
ज़िंदा रूहों की तरह
हंसती - बोलती है
रोती भी है

मुश्किल नहीं
मेरे लिए
समझना
दीवार पर टंगी
इस तस्वीर की
ज़बान

मेरी तरह ही तो थी
दीवार पर

टंगने से पहले
ये तस्वीर
मेरी तरह ही तो
बोलती थी
उसकी ज़बान

उसकी उंगलियां
मेरी तरह ही तो
उकेरती थीं
काग़ज़ पर
अपने बेतरतीब ख़ाब

नाचती थीं
मेरी तरह ही तो
उसकी आंखों की पुतलियां
और उभर आती थीं
उसकी पेशानी पर
मेरी तरह
तन्हाई की लकीरें

भीग जाता था
मेरी तरह
कभी कभी
उदासी से
उसका मन

ज़माने को
पसंद आ गयीं थीं
उसकी अदायें
तभी तो
कैमरे में
क़ैद की गयी
और टांगी गयी
दीवार पर
ये तस्वीर

तस्वीर
जो
टंगी है, दीवार पर
ख़ूबसूरत है
बहुत ही ख़ूबसूरत
अब भी
हंसती है, रोती है
ख़ामोशी की ज़बान
बोलती है

ये तस्वीर
कभी - कभी मुझे
इशारों से
अपने पास बुलाकर
मेरी तप्त पेशानी पर

अपनी सर्द हथेलियों का
साया करती है, और
मेरी आंखों के आंसू
समेट लेती है

देखी है
मैं ने
कई बार
दीवार पर टंगी
ये तस्वीर
मैं ने
देखी है

○

पालने वाले उन्हें माफ़ करना

पालने वाले
उन्हें माफ़ करना
वो नहीं जानते
वो क्या कर रहे हैं

पालने वाले
उन पर
अपने करम की
बारिश करना
ताकि
उनके हाथ
और ताक़तवर हों
और वो
आसानी से
लोगों के दिल पर
बैठे
सच का
गला
घोंट सकें

पालने वाले
उन्हें हक़ और एख़्तियार की
दुनिया में
और मालामाल करना
ताकि
वो
कमज़ोर और नातवां
सीनों पर
अपनी मकरूह सियासत
की बिसात
बिछा सकें

पालने वाले
उन्हें नयी उमंग
नया हौसला देना
ताकि
वो
झूठ और नफ़रत की
वबा बनकर
इन्सानियत के चेहरे पर
छा सकें

पालने वाले
उनपर
अपनी मख़सूस

मेहरबानियों के
दरवाज़े खोलना
ताकि
वो
अपनी
तंगनज़री और तअस्सुब से
सादा - सिफ़त
इंसानों का
जीना
मुहाल कर सकें

पालने वाले
वो
इन्सानों की बस्ती में
एक
अजीब - व - गरीब
नमूना हैं
उन्हें
बरबरीयत
और हैवानियत
के मीनार में
तब्दील करना

○

नहीं थे तुम

नहीं थे तुम
उस दम कि जब
छीनी गयी मुझ से
मेरी गोयाई
और मेरी
बीनाई

नहीं थे तुम
उस दम कि जब
तराशी गयी मेरी ज़बान
क़लम हुए मेरे बाज़ू
और छलनी हुआ
ज़हर - बुझे तीरों से
मेरा जिस्म

नहीं थे तुम
उस दम कि जब

नवाज़े गए
बद - कलामियों से
मेरे पुरखे

और जब
बरहना - सर
मुझे
नोक - ए - नेज़ा पर
उठाया गया

नहीं थे तुम
उस दम कि जब
मेरे अपनों की
पुश्त पर
बरसाये गए
ताज़ियाने
और उन्हें
तारीक गोशों में
क़ैद किया गया

नहीं थे तुम
उस दम कि जब
अफ़वाहों के गुब्बारे उड़े
इस बस्ती में
और तेज़ आंधियां चलीं

नहीं थे तुम
उस दम कि जब
मुझ पर
अरसा - ए - हयात तंग हुआ
और रेज़ा - रेज़ा हुई
मेरे ख़ाबों की
दुनिया

बोलो
क्यों नहीं थे तुम
उस दम कि जब
थरथराये मेरे लब
और सांसों ने
मेरा साथ छोड़ा

बोलो, कहां थे तुम

○

ख़बरें और भी हैं

खबरें और भी हैं
सुनते रहिए

मसलन यह कि
मेरी मां के
मेरे बाप से
नाजायज़ रिश्ते थे

और यह भी कि
अपनी मां की
सातवीं संतान होकर भी
मैं
अपनी मां की
अपने बाप से
शादी के क़बल ही
पैदा हुआ था

ख़बरें और भी हैं

मसलन यह कि
मैं ने किसी स्कूल - कालेज में
तालीम नहीं पायी
और मेरी डिग्रियां
जाली और फ़र्ज़ी हैं

और यह भी कि
मुझे
कोई ज़बान नहीं आती
और यह भी कि
मुझे
अच्छे - बुरे अदब की
पहचान और समझ नहीं

और यह भी कि
मैं ने ज़िंदगी में
अबतक
कोई एक किताब
नहीं पढ़ी

और यह भी कि
किताबें जो मेरे नाम से

छपी हैं, दर असल
किसी और की लिखी हैं

ख़बरें और भी हैं

मसलन यह कि
मैं कभी अवामी चुनाव नहीं लड़ा
अपनी नस्ल, अपनी ज़ात के सबब
चाहूं भी तो
नहीं लड़ सकता

और यह भी कि
वो जो वर्षों पूर्व किसी क़स्बे से
एक बार
सत्तर हज़ार मतों से
चुनाव जीता था
वो मैं नहीं, कोई और था
और यह भी कि जब
दूसरी बार
मेरे नाम पर कोई और चुनाव लड़ा
तो मेरे वोट मध्य एशिया से आये
जो मुझे ऐवान तक
पहुंचाने में
नाकाम रहे

ख़बरें और भी हैं

मसलन यह कि
मेरे दिल में
पसमांदा आबादियों के लिए
हमदर्दी नहीं, नफ़रत का जज़्बा है

और यह भी कि मैं
कोई भरोसेमंद
इज़्ज़तदार आदमी नहीं
और मेरी निगाहें
हमेशा कुर्सी पर रही हैं

ख़बरें और भी हैं

मसलन यह कि
मैं ने शहर में
किसी एदारे की
ज़मीन-मकान पर
अपनी शातिराना चालों से
कब्ज़ा जमाया है

और यह भी कि
ज़िंदगी भर

मैं ने नमाज़ें नहीं पढ़ीं
और रोज़े नहीं रखे

और यह भी कि मेरे लिए
मज़हबी एदारों के दरवाज़े
बंद हैं
आगे भी
बंद रहेंगे

ख़बरें और भी हैं

मसलन यह कि मैं
खुदा की बनाई
इस धरती पर
सबसे बुरा
आदमी हूं
और यह भी कि
मुझ से बुरा आदमी
न तो कभी इस धरती पर
जन्मा है
और न आगे जन्मेगा

ख़बरें बाक़ी हैं
ढेर - सारी ख़बरें अभी बाक़ी हैं

अपनी आंखें
अख़्बार के ज़र्द पन्नों पर
जमाए रखिए
और अपने कान
जान - लेवा अफ़वाहों के लिए
खुले रखिए

ख़बरें बाक़ी हैं
ढेर सारी ख़बरें अभी बाक़ी हैं

○

उसे मारो कि

उसे मारो
कि उसकी
रीढ़ की हड्डी
अब भी सलामत है

उसे मारो
कि उसने
सच बोलते रहने की
अपने पुरखों की
विरासत
अपने मज़बूत हाथों में
थाम रखी है
उसे मारो
कि वो
इंसान-इंसान के बीच
रंग और लहू का
भेद नहीं करता

उसे मारो
कि वो
हमारी नस्लों को
इंसानी रिश्तों के साए में
जीने और मरने की
सीख देकर
गुमराह करता है

उसे मारो
कि वो
हमारी तरह
अपनी आस्तीन में
इंसानी सांपों को
पनपने की
इजाज़त नहीं देता

उसे मारो
कि वो
नदी में रहकर
'मछलियों से बैर'
की नीति पर
अमल करता है

उसे मारो
कि वो

शहर में रहकर
ख़ुद को
शहर के रस्म-व-रिवाज से
और क़ायदे-क़ानून से भी
दूर रखता है

उसे मारो
कि वो
हमारी गालियों
और हमारे हमलों
के बावजूद
बेख़ौफ़
सिर उठाकर
चलते रहने की
अपनी आदत से
बाज़ नहीं आता

उट्ठो
अपने ख़ाब तोड़ो
और जो भी औज़ार
तुम्हारे हाथ आए
उठाकर
उसके सिर पर
उसकी पीठ पर

या उसके सीने पर
दे मारो

जान लो
अगर वो
कुछ दिन और
इसी तरह
बेख़ौफ़
अपना सिर बुलंद किए
अपनी राह
चलता रहा
तो हम में से कई को
गुमनामी की नींद
सुला देगा

उसे मारो
ज़िंदगी चाहते हो
मेरी और अपनी, तो
उसे मारो
कि उसकी
रीढ़ की हड्डी
एकदम से
टूट जाए
और वो

सदा के लिए
मुख़ालिफ़ हवाओं में
तनकर खड़ा होना
और सिर बुलंद किए
चलते रहना
भूल जाए

उट्ठो
देर मत करो
आगे बढ़ना चाहते हो, तो
उसे मारो
उसे मारो

○

सायरा

नामंजूर कर दी है
ज़िले के हाकिम ने
सायरा की अर्ज़ी

हालांकि
पुलिस की रपट में
उसके पति का
क़त्ल साबित है

और
हालांकि झमेली साव
के घर के
सामने वाले
गड्ढे की
जलकुंभियों से
निकाली गई
सायरा के पति
की लाश की

शिनाख़्त भी
हो चुकी है

और
हालांकि
डाक्टर ने
सायरा के पति
के कंकाल की
चार - पेजी
जांच - रपट में
तफ़सील से
उसकी उम्र
उसकी लंबाई
और उसके
क़त्ल की तारीख़
भी लिख दी है

और
हालांकि
डाक्टर की
इस चार - पेजी
रपट में लिखी
मुर्दा तफ़सील
सायरा के पति
की ज़िंदा तफ़सील से
पूरी तरह
मेल खाती है

फिर भी
ज़िले के हाकिम ने
नामंज़ूर
कर दी है
सायरा की अर्ज़ी

क्योंकि
जब
ज़िले के हाकिम ने
कठघरे में खड़े
सायरा के पति
के कंकाल से
उसका
मज़हब पूछा
तो
सायरा के पति
का कंकाल
मौन रहा

○

ज़ैबुन्निसा

सचमुच
एक खूबसूरत नाम है
ज़ैबुन्निसा
जो
गांव के
एक कमज़ोर
घर में
जन्मी
और पली है

पिछले दिनों
ज़िले के हाकिम ने
ख़ुद
अपने असर का
इस्तेमाल करके
उसकी
सगाई
का मुहूर्त निकाला

हम में से
किसी को

ज़ैबुन्निसा की सगाई
की तफ़सील में
जाने की
ज़रूरत नहीं

और
शायद
हम में से
किसी को
यह भी
जानने की
ज़रूरत नहीं
कि पुलिस के
एक कारिंदे ने
ककोलथ के
डाक बंगले में
एक रात
अपने साथियों समेत
गांव में
जन्मी
और पली
ज़ैबुन्निसा की
इज़्ज़त उतारी

और दूसरी सुबह
पुलिस के
कारिंदे ने
गांव में

पली और बढ़ी
ज़ैबुन्निसा को
ज़िले के हाकिम के
दफ़्तर के
ठीक सामने वाले
तीन मंज़िला होटल के
एक कमरे में
बंद रखा

हम में से
किसी को
जानने की ज़रूरत नहीं
कि पुलिस के
उस कारिंदे का
नाम क्या था

मगर
हम में से
हर आदमी को
जानने की
ज़रूरत है
कि
ज़िले के हाकिम ने
पुलिस के
उस कारिंदे को
सज़ा
क्या दी

○

सूखा तल

ये कुआं
अंधा और सूखा है
मुसाफ़िर

इस के तट पर
परछाइयां नहीं उभरतीं
और
इसकी दीवारों के बीच
आवाज़ें नहीं गूंजतीं

व्यर्थ है
इस के पाट पर
बैठना
और

बीते दिनों के
लौटने की
उम्मीद रखना

मुसाफ़िर
क्या
चाहते हो
तुम
इस कुएं के
सूखे तल से

○

अतीत सपनों का

बेख़्याली में
उभर आयी थीं
काग़ज़ पर
उनकी उंगलियों से
कुछ
बेमानी
और सपाट
लकीरें

खुली तो थीं
मेरी आंखें
लेकिन उनमें
अलगाव का साया था

पढ़ नहीं पायीं वो
काग़ज़ की लकीरों के पीछे
अपनी पारदर्शी कहानी

थमे जब आंसू
और लौटे
मेरी आंखों के सपने
तो काग़ज़ की लकीरों का
अर्थ भी वापिस आया
लकीरों ने मुझे
दिलासा दिया
और धीमे स्वर में बोलीं —

'गुज़र जायेंगी
हां, गुज़र जायेंगी
ये बेचैन घड़ियां
और
अलगाव के अंदेशे भी
सिमट जायेंगे

जिंदगी कभी - कभी
बस
तुम्हें आज़माती है
देखती है
तुम कितने हो उसके'

बेख़्याली में
मेरी उंगलियों से
काग़ज़ पर
उभारी गयी लकीरें

बोलती हैं इतना
और सिमट जाती हैं
एक रहस्यपूर्ण दायरे में
अंदेशे अलगाव के
फैल जाते हैं
दोबारा
मेरी आंखों पर

और सपने
आहिस्ता - आहिस्ता
खंडहर में
तब्दील होते हैं

○

चारागर बोल ज़रा

बंद दरवाज़े पे
दस्तक की तरह
कौन पड़े

मुज़तरिब, हाथ में
एहसास की
तलवार लिए
कौन लड़े

तेरे अश्आर की
दुनिया को
सजाने के लिए
ज़र्द पत्तों की तरह
कौन झड़े

दश्त में
आब्ला - पा
कौन गड़े

चारागर
बोल ज़रा
अपनी ज़बां
खोल ज़रा

○

मूरिद - ए - इल्ज़ाम

बेवफ़ाओं से
वफ़ा कैसे करे
जानकर कोई
ख़ता कैसे करे

गर न हो मालूम
मक़तल का पता
खूंबहा कोई
अदा कैसे करे

मूरिद - ए - इल्ज़ाम
ठहरे हैं हुसेन
कोई ज़िक्र - ए - कर्बला
कैसे करे

○

ख़्राब - ए - आगही

ख़्राब - ए - आगही टूटा
और हमने ये जाना
रास आ गया है क्यों
बस्तियों को वीराना

चांद का हसीं चेहरा
और शाम - ए - तन्हाई
बंट गया है
टुकड़ों में
ज़िंदगी का अफ़साना

रहगुज़र कहां अपनी
हमसफ़र कहां अपना
ख़ामशी हैं आवाज़ें
तिश्नगी है पैमाना

○

दिल - ए - बुतां में मगर

मेरे क़रीब रहो
मुझ से फ़ासला रखो
यही सलूक मेरे वास्ते
रवा रखो

अमीर - ए - शहर हो
खींचो
फ़सील - ए - नव
लेकिन
दिल - ए - हज़ीं के लिए
रास्ता
खुला रखो

जो चाहो छीन लो
पैराहन - ए - वफ़ा
हम से
हथेलियों पे मगर
सुर्खी - ए - हेना रखो

हमारे दम से है
क़ंदील - ए - आगही रौशन
हमारे वास्ते मख़सूस
बद - दुआ रखो

तराशते रहो
हर रोज़
बुत नए
लोगो
दिल - ए - बुतां में
मगर
एक ही
ख़ुदा रखो

○

दीवार - ए - शब

कारवां लुट गया
क़ाफ़िले मुंतशिर हो गए
तीरगी का धमाका हुआ
और
दीवार - ए - शब ढह गयी

सिर्फ़ सरगोशियां
मेरी आंखों में
अल्फ़ाज़ की
किरचियां भर गयीं
और एहसास की
शाह - रग कट गयी

वक़्त
तारीख़ के गुमशुदा
गुंबदों की तरह
मुंजमिद ख़ून - ए - इंसां
बहाता रहा

वक़्त की करवटें
सो चुकीं
जेहन - ए - दिल
अपनी आशुफ़्तगी खो चुका
ख़ामशी मुज़महिल हो गयी
और
अल्फ़ाज़ अपना फ़सूं खो चुके

जो निगहबान थे
अहद - ए - रफ़्ता की पहचान थे
अपनी रानाइयां खो चुके

क़ाफ़िले मुंतशिर हो गए
तीरगी का धमाका हुआ
और एहसास की
शाह - रग कट गयी

सिर्फ़ सरगोशियां
मेरी आंखों में
अल्फ़ाज़ की
किरचियां भर गयीं

तुम निगहबान हो
अहद - ए - रफ़्ता की पहचान हो
तुम पशेमां रहो

तुम सवालात की तीरगी में
हरासां रहो

शहर - ए - आशोब में
इस घड़ी
ज़िक्र - ए - गंग - व - जमन
अब किसे चाहिए
दावत - ए - फ़िक्र - व - फ़न
अब किसे चाहिए

कारवां लुट गया
क़ाफ़िले मुंतशिर हो गए
तीरगी का धमाका हुआ
और
दीवार - ए - शब ढह गयी

○

प्रतीक्षा

मुझे याद है
हां, मुझे अच्छी तरह याद है
वो लम्हा
जब सांवले सपनों की
खूबसूरत दुनिया
में पली उम्मीदों ने
खुले मन से
अपनी भरोसेमंद बाहें
मेरी तरफ़ बढ़ाई थीं

और मुझे
पल-भर के
आलिंगन के लिए
आमंत्रित किया था

उस एक
पल-भरे आलिंगन

की गोद में
मेरी सांसें
तुम्हारे वजूद की
ताज़ा हवाओं का
स्पर्श चाहती हैं

तुम
किसी छायादार पेड़
की शाख़ों
और सब्ज़ पत्तियों की
आचार-संहिता में
उस एक
पल-भरे
आलिंगन को
कब तक
क़ैद रखोगे

बोलो, कब तक

○

एक परछाई

अक्सर
एक परछाई
दबे पांव
मेरी तंहाई की
सरहदों में
रेंग जाती है

अक्सर
एक परछाई
अपने
आंचल की ओट में
छिपे
चेहरे का तिलिस्म
मेरी सांसों में
भर जाती है

अक्सर
एक परछाई
अपने
बदन पर पड़ी
पारदर्शी

हया की चादर
हटा कर
मेरी ख़ामोश आंखों को
चूम जाती है

अक्सर
एक परछाई
मेरे बेचैन लबों पर
अपने
स्तनों के द्वार
खोल जाती है

अक्सर
एक परछाई
मेरी
तप्त शिराओं से
होकर
मेरी देह
बन जाती है

अक्सर
एक परछाई
मेरी तंहाई की
सरहदों में
रेंग जाती है

○

कैसा अंदेशा

हां तुमने
ठीक सोचा
मैं
तुम्हारी मेहरबानियों तले
दब जाना चाहता हूं

खुली रखो अपनी बाहें
और अपनी धड़कनें
ताकि
मुझे
तुम्हारी सांसों से
घुलमिल जाने में
लम्हों का
इंतज़ार
नहीं करना पड़े

ऐसा क्यों है
कि रातों में
जब तुम
मेरे पास होते हो
तुम्हारे बदन पर
मेरे नाम की

खुश्बुओं के सिवा
और कुछ नहीं होता

कल और परसों
आने वाले
बुरे सपनों का
ज़िक्र करके मैं
तुम्हें
ग़मगीन नहीं करना चाहता

लेकिन
बुरे सपनों में भी
तुम्हारी जीत की
कल्पना से
अपने मन का अंदेशा
भूलने की
कला
किससे सीखूं

मैंने कब कहा
मेरे मन में
अंदेशा है, या था

मेरे अंदेशे का मन
तों
कब का
टूटा
बिखरा

○

अजनबी

हम अजनबी हैं
हमारा
कोई मुक़ाम नहीं
हमें न कोई तलाशे
हमें न याद करे

हम अपनी जान पे
खेलेंगे
अपनी मर्ज़ी से
हम अपनी जान से
जायेंगे
अपनी मर्ज़ी से
हमें न कोई जिलाये
हमें न याद करे

हमें ज़मीन के पर्दे
अज़ीज़ हैं, साहिब

हमें हवाओं की सोहबत
अज़ीज़ है, साहिब
हमें न कोई पुकारे
हमें न याद करे

हम अपने आप पे
आंसू बहायेंगे, साहिब
हम अपने खून से
होली मनायेंगे, साहिब
हमें न कोई रुलाये
हमें न याद करे

हमें न कोई तलाशे
हमें न याद करे
हम अजनबी हैं
हमारा
कोई मुक़ाम नहीं

हमें न कोई तलाशे
हमें न याद करे

○

सफेद पंखों वाली काया

थके - हारे
क़दमों से
क्या तुम
फिर
उस दुनिया में
लौट आये हो
जिसे तुमने
कभी
आहटों की दुनिया
का नाम दिया था
और जहां आकर
तुम्हारी यादों के तूफ़ान
यकायक
थम जाते हैं

नींदों से परे
और ख़ाबों से भी
क्या तुम
उस दुनिया में लौट आये हो
जिसे तुमने कभी
आहटों की दुनिया
कहा था

o o

सफ़ेद पंखों वाली
इस ख़ूबसूरत काया को
ग़ौर से देखो
जिसने आंसुओं की
झिलमिलाती परतों के पीछे
अपने दुखों की
एक अनमोल दुनिया
छिपा रखी है

देखो
सफ़ेद पंखों वाली
इस ख़ूबसूरत काया को
जिसने अपने होठों पर
पत्थरों से दबे
किसी नाज़ुक और हसीन

फूल के पौधे
की ख़ुश्बू
और अपनी हथेली पर
खून के रंगों वाली
हिना
का तिलिस्म
डाल रखा है

देखो
इसे ग़ौर से देखो

o o

कल
जब तुम्हारी आंखें
अपनी आख़िरी नींद सोयेंगी
और तुम्हारी नब्ज़ें
हमेशा-हमेशा के लिए
शल्ल पड़ जायेंगी

तब
तुम्हारी आहटों की इस
बेचैन दुनिया में
सफ़ेद पंखों वाली

इस ख़ूबसूरत काया के सिवा
कौन होगा!

इसीलिए तो मैंने कहा
इसे देखो
ग़ौर से देखो

० ०

नहीं
इसे महज़ एक परछाई
मत समझो

एक परछाई
जो कभी-कभी
तुम्हारी तन्हाई की सरहदों
में आकर तुम्हें
चूम जाती है

और जो कभी - कभी
तुम्हारे बेचैन लबों के लिए
अपने स्तनों के द्वार
खोल जाती है

सफ़ेद पंखों वाली
इस ख़ूबसूरत काया को

महज़
एक परछाई
समझने की
भूल मत करना

००

याद रखना
आहटों की इस दुनिया में
जहां तुम
लौट आये हो
तुम्हारा कोई हमदर्द नहीं
सिवाय
इस ख़ूबसूरत काया के
जिसे तुम सफ़ेद पंखों वाली
काया कहते हो

और जो
रात - बिरात
कांटेदार गुलाबों की
ख़ुश्बू बनकर
तुम्हारे एहसास को छू जाती है

००

तुम भूल रहे हो
शायद
वो लम्हा
जब कोई सहज भाव से
तुम्हारे बदन में
दौड़ने वाले लहू का
साक्षी बन गया था
और तुम
एक ख़ामोश चीख़ बनकर
उस लम्हे की गोद में
गिर पड़े थे

और फिर
घंटों-घंटों
सफ़ेद पंखों वाली
यह ख़ूबसूरत काया
अपनी बारीक उंगलियों से
तुम्हारे
बेतरतीब, सूखे और निर्जीव
बालों से
खेलती रही थी

देखो
इसे ग़ौर से देखो

o o

सफ़ेद पंखों वाली
इस ख़ूबसूरत काया को
देखो
जो सब कुछ भूलकर
तुम्हारी
बनना चाहती है

तुम आहटों की इस
बेचैन दुनिया में
बिजली के ज़िंदा तारों पर
इस ख़ूबसूरत काया
के बिना
कैसे चल पाओगे

सोचो
सफ़ेद पंखों वाली
इस ख़ूबसूरत काया के बिना
तुम
आहटों की
इस तारीक दुनिया में
कैसे जी पाओगे

००

सोचो
हर सुबह

तुम्हारी मेज़ पर
रखे कैलेंडर
की तारीख़ें
कौन बदलता है
कौन
तुम्हारे एहसास की लौ
और सांसों की आंच
बनकर
तुम्हारी बेचैनियां
दूर करता है

बोलो
सफ़ेद पंखों वाली
इस ख़ूबसूरत काया से जुड़ी
अनगिनत यादें
तुम्हारे अतीत के
किसी कोने में
अब भी
ज़िंदा हैं ना

००

देखो
तुम्हारी मेज़ के
एक सिरे पर

सफ़ेद शंख के बाज़ुओं से लगी
रंगीन फूलों की
दो टहनियां
आज भी
तुम्हारे
और सफ़ेद पंखों वाली
इस ख़ूबसूरत काया
के अनाम रिश्तों
की गवाही
देती हैं

o o

रात
ढह रही है
या शायद ढह चुकी है
बारिश
थम रही है
या शायद थम चुकी है

सफ़ेद पंखों वाली
इस ख़ूबसूरत काया ने
अपनी हथेलियों से
तुम्हारी आंखें ढंक ली हैं
और

तुम्हारी आंखें
गीली हो रही हैं

००

लेकिन मैं
दूर
किसी अनाम पहाड़ी
की गुफाओं में बैठा
देख रहा हूं

तुम्हारी आंखें
गीली हो रही हैं
और
तुम्हारे होठों
की थरथराहट
थम रही है

सिसकियों
और रुकी - रुकी सांसों
के बीच
तुमने कहा है —
'तुम मेरे हो
सिर्फ मेरे'

इसीलिए तो मैं कहता हूं
सफ़ेद पंखों वाली
इस ख़ूबसूरत काया को देखो
ग़ौर से देखो
और सो जाओ
कभी नहीं टूटनेवाली नींद
सो जाओ
सो जाओ

○

रेत रेत लहू

एक लंबी कविता

मेरी डायरी की
तारीख़ें शायद
उल्टी दिशा में
चल रही हैं
तंहाई का एकतरफ़ा एहसास ही
अब मेरा हम - सफ़र है
और
ख़ामोशी ही मेरी ज़बान
बन गयी है

○

मैं जिस जगह बैठा - बैठा
वसीयतनामे का
यह आख़िरी हिस्सा लिखने की
हिम्मत जुटा रहा हूं
वहां मेरे सामने एक
लंबा - फैला मैदान है
जिसके पिछले हिस्से में
बेमानी झाड़ियों का सिलसिला है
और दो तरफ़ कंटीले तार बिछे हैं
सामने
आम के पेड़ों में फल लगे हैं

रात ज़्यादा हो गयी है
इसलिए हवा के झोंकों से
गिरने वाले आम चुनने के लिए
आउट - हाउस के बच्चे
इस वक्त
यहां मौजूद नहीं हैं

ऐसे में, हल्की - हल्की हवाएं
मेरी पेशानी पर जमा

थकान की बूंदों को
सूखने का सलीक़ा
बता रही हैं
बरामदे के बाहर, खुले मैदान में
बेख़ौफ़
आसमान की तरफ देखते वक्त
मेरी आंखों में
ये आंसू आख़िर क्या
संकेत दे रहे हैं

एक बेतरतीब, जफ़ाकश ज़िंदगी जैसे
अपने अंतिम पड़ाव की जानिब
बढ़ रही है

○

एक दिन, किसी ने
मेरी बेतरतीब ज़िंदगी के तारों को
अपनी बारीक उंगलियों से छूकर
मुझे यक़ीन दिलाने की कोशिश की थी –

'मैं हूं ना' ......

'हां, हो तो'– तब मैंने कहा था

और ऐसा कहते वक्त
अपने मन को दिलासा भी दिया था

तब ये सवाल और ये जवाब
मुझे किसी की अपनाइयत की गोद में
डाल आए थे

○

'कोई अपनी ज़िंदगी को
रेज़ा - रेज़ा कैसे करता है
तुम से सीखे'–
बहुत क़बल किसी ने लिखकर पूछा था –
'आख़िर तुम
अपने - आप से
किस बात का इंतक़ाम लेते हो'

मेरी ख़ामोशी के सबब
यह सवाल अनुत्तरित रह गया था

सवाल पूछनेवाला
मेरी ख़ामोशी से ऊबकर
मुझ से दूर चला गया था

जब वो जाने लगा था
मुझे महसूस हुआ
उसे आवाज़ देकर
अपने पास बुला लूं
और उस से कहूं : क्या कहूं
मेरे दिल में उठने वाला तूफ़ान
शब्दों का आकार नहीं ले पाया

मैं उसे आवाज़ नहीं दे पाया
और वो दूर होते - होते
मेरी आंखों से ओझल हो गया

सोते वक़्त
और जागते वक़्त भी
कांटों की चुभती सूइयों से
मेरी हिफ़ाज़त का वायदा किया था किसी ने
और मुझे यक़ीन दिलाया था –
'मैं हूं ना'
और मैंने भी किस विश्वास से
जवाब दिया था – 'हां, तुम हो'

वक़्त के बहाव के साथ - साथ
कांटों की
इस नहीं खत्म होने वाली चुभन में
इज़ाफ़ा होता गया
और मुझे इस चुभन से
निजात दिलानें का
वायदा करने वाली खूबसूरत काया
वक़्त के सैलाब में
जाने कहां खो गयी

आओ कांटो आओ
मेरी रगों में समा जाओ

○

एक दिन अचानक मेरे कमरे में
अजनबी - सी एक खुश्बू फैल गयी
कमरे के दरवाज़े से होकर
मेरी मेज़, मेरी आराम - कुर्सी
और बिस्तर होती हुई
मेरे जिस्म को
स्पर्श करनेवाली खुश्बू

मुझे लगा
अपनाइयत की इस अजनबी खुश्बू में
मेरे लिए कितना - कुछ छिपा है

मैंने इस खुश्बू को
अपनी हथेलियों में महफ़ूज़ किया
उठते - बैठते, सोते - जागते
यह खुश्बू मेरी सांसों में
बसी रही

फिर एक दिन
यह खुश्बू खूबसूरत शीशियों में
बंद होकर
मेरी मेज़ पर सज गयी
तब मेरे दिल को अजीब
धड़का - सा लगा था
खुश्बू भला कहीं शीशियों में
बंद होती है

फिर एक दिन शीशियां
मेरी मेज़ से हट गयीं
लेकिन खुश्बू, अजनबी खुश्बू
बदस्तूर कायम रही

○

'इसे देखिए, छूकर देखिए
आपको अच्छा लगता है ना'—

चाक पर रखी माटी को
मेरे हाथों में देकर उसने
सहसा एक दिन पूछ दिया था

और मैं माटी की सुगंध में
इतना खो - सा गया था कि
उसके सवाल का शब्दों में
कोई जवाब नहीं दे पाया

आहिस्ता - आहिस्ता
ताज़ा पानी में भिगोई यह माटी
मेरे स्वभाव का हिस्सा बन गयी

इससे अलग होकर कैसे रहा जाए —
मुद्दतों यह सवाल मेरे मन पर
छाया रहा है

फिर एक दिन
ताज़ा पानी में भिगोई यह माटी
मेरी हथेलियों से उतरकर
पता नहीं किस रास्ते
कहां गुम हो गयी

लेकिन अब भी
मेरे कानों में
एक मासूम सवाल गूंजता है —

'आपको अच्छा लगता है ना
इसे देखिए, इसे छूकर देखिए'

○

‘कैसी हालत बना रखी है, आपने’—
बालों का रूखापन और चेहरे की
उदास लकीरों को देखकर
एक दिन उसने पूछा

‘कोई फ़र्क़ नज़र आता है तुम्हें क्या’—
इतना ही कह पाया था मैं
कि उसने अंगूरी ग़िलाफ़ हटाकर
सोंधी खुश्बू वाली माटी
मेरे बेचैन लबों पर रख दी
आग में तपी मेरी शिराएं भीग गयीं
मेरी आंखें बंद - बंद हो गयीं

‘देखिए, इस माटी का सूखापन
इसे भी आपका स्पर्श चाहिए’

मुझे याद है
अच्छी तरह याद है
उस दिन, उस रात
मेरे कमरे की उदासी
आंसुओं में डूब गयी थी

‘ठीक ही तो है, मेरी हालत’
‘वह तो मैं’......
ख़ामोशी, आंसू, स्पर्श, और हम

○

'सनम'.....
खामोशी की ज़बान से
किसी ने एक दिन
मेरे कानों में मीठे बोल की
शिद्दत उंडेल दी है

लबों की थरथराहट और
खुले - खुले बदन के जादू ने
इस मीठे बोल की तासीर में
और इज़ाफ़ा कर दिया है

उस दिन मुझे लगा
मीठे बोल की यह शिद्दत
सच के अलावा
और क्या हो सकती है

मुझे ठीक - ठीक याद नहीं
जादू का यह असर कब तक

मेरे दिल - व - दिमाग़ पर छाया रहा
मुझ पर बेहोशी - सी रही
बीच - बीच में, होश आने पर
इस मीठे बोल की अनुगूंज
मुझे सुनाई देती रही

हवाओ, थम जाओ
और अपने आंचल में
इस मीठे बोल को महफ़ूज़ कर लो
क्योंकि
जब ये बोल ज़बान पर आये
तब उसकी आंखें बंद थीं
लब थरथराये थे
और बदन
खुला - खुला - सा था

○

'मैंने अपने हाथों से बनाया है
आपके लिए है
खायेंगे ना'

'हां, लेकिन जिन हाथों ने बनाया है
उन्हीं हाथों से'

तेज़ मिर्च का एक टुकड़ा जैसे
ज़बान पर आ गया हो
थोड़ी तिलमिलाहट-जैसी

दो ज़बानों के मेल ने
यह तल्ख़ी दूर कर दी है

जिस्म पर रेंगती उंगलियां और
होंठों पर रेंगती ज़बानें

○

'मेरे कस्बे की ख़ास मिठाई है
आपका हिस्सा' —

खुले डब्बे से
मिठाई का एक टुकड़ा निकालकर
मेरे मुंह में रख दिया है, किसी ने

'इतनी ताज़ा क्योंकर है
आने में तो कई - कई घंटे लगे होंगे'

'अपने हाथों में रखकर लायी गयी है
शायद इसीलिए'

डब्बे की मिठाई ख़त्म हो गयी है
लेकिन अब भी
इस मिठाई की ताज़गी बाक़ी है

○

देर रात
सर्दियों में तेज़ी
कार के शीशे ऊपर तक चढ़े
बाहर पुल के दोनों तरफ़
गहरा सन्नाटा
नीचे गंगा की लहरों में
रहस्यमय ख़ामोशी
सामने की सीट पर
ड्राइवर के अलावा
कोई और

तभी पीछे से आ रही गाड़ी को
पास देने की ख़ातिर
ड्राइवर ने अपने हिस्से का शीशा
थोड़ा सरकाया

सर्द हवा का एक तेज़ झोंका
मेरे जिस्म को

गहरे तक छू गया है
पीछे रखी गर्म चादर खींचकर मैंने
अपने सीने पर डाल ली है

तभी अपने हाथों पर मुझे
किसी की उंगलियों की
हरकत महसूस हुई है
आहिस्ता - आहिस्ता
रूई के नर्म फाहों की तरह
मेरे जिस्म के तनावों को
राहत बख़्शती उंगलियां

मैं अपने हाथों के खिंचाव को
रोक नहीं पाया हूं
सीने की धड़कनें, सांसों के उभार और
मेरे बेचैन हाथों की जुंबिश

○

जिसे पौ फटना कहते हैं
बस वही

कमरे का पिछला दरवाज़ा
शायद सारी रात खुला रहा है
हल्की सी आहट के साथ
जिस के इंतज़ार में यह दरवाज़ा
सारी रात खुला रहा है
वो कमरे में आ गया है

धीमी - धीमी, इतर की खुश्बू
कमरे में फैल गयी है

कंबल का एक सिरा हटाकर कोई
क़रीब सरक आया है

बेतरतीब बालों में
सर्द उंगलियों की थरथराहटें

धीमी - धीमी आंच का
एहसास करा रही हैं

जैसे सामने कोयले की
अंगीठी रखी हो
और नर्म आग की लपटें
अपनी आंच से
जिस्म पर जमी बर्फ़ को
पिघला रही हों

बेतरतीब बाल, नर्म आग, और
जिस्म की तहों पर
तेज़ी से पिघलती बर्फ़

○

पीछे वाले कमरे में जाकर
उसने शायद
अपने बंद
खोल दिये हैं

मैंने उसे सामने वाली कुर्सी पर
बैठने का इशारा किया
तब मुझे उसके खुले बंद का
एहसास नहीं हुआ
लेकिन चाय का ख़ाली प्याला
मेज़ से उठाकर
ज़मीन पर रखी ट्रे में डालते वक़्त
उसके खुले बंद नज़र आ गए हैं

'बंद खुले कैसे हैं'
'पता नहीं क्यों, यहां तकलीफ़ जैसी है
इसीलिए खोल रखा है'
'बंद खुलना चाहते हैं — है ना'
'खुलना तो चाहते हैं बंद, पर किसके लिए'

मेरे पास कोई जवाब होता
तो शायद दे देता और
बंद दोबारा बंध जाते

○

चिलचिलाती धूप में
पसीने से तर - ब - तर
स्याह धारियों वाली पोशाक में
पुराना - सा बैग संभाले
और थोड़े - से काग़ज़ात

कोई मेरे सामने खड़ा है

बाल सूखे और बिखरे
आंखों में अजीब वीरानी
'आपकी मदद की उम्मीद लेकर'....

कोई मेरा रास्ता रोके
मुझ पर अपनी उम्मीदों का
हक़ जता रहा है

मैंने रुककर उसकी तरफ़ देखा
कुछ अजीब - सा लगा है
'काग़ज़ात किधर हैं, दे दो' .....

गाड़ी में बैठा तो मुझे लगा
कहीं पास से

मेरी आदिवासी आया
मालिन माई की रूह
मेरे कानों में कह रही है —

'इसकी आंखों में देखो, जीनू
अपनाइयत और उदासी की लहरें
क्या तुम
इसकी मदद नहीं करोगे'

गाड़ी दफ्तर की तरफ बढ़ती गयी
मालिन माई की सरगोशियां भी जारी रहीं

दफ्तर से लौटने पर
डाक में मुझे उसके काग़ज़ात मिले
मालिन माई मेरे कानों में लगातार
दस्तकें देती रही

मैं उस रात सो नहीं पाया
अजनबी ख़ाबों ने मुझे
जगाए रखा

○

कूड़ेदान के आसपास खड़ा कोई
देर से मुझे घूर - घूर कर देख रहा है
जैसे मुझे मेरे भविष्य की याद दिला रहा हो

हर रोज़ मैं अपनी तहरीरें
इसी कूड़ेदान में डालता हूं

लेकिन आज मेरे पास
अपनी कोई तहरीर नहीं
क्या डालूं इस कूड़ेदान में

मुझे लगा
कूड़ेदान के लिए आज
मुझ से बेहतर ख़ोराक
और क्या होगी

कूड़ेदान का कुआं
मेरा बोझिल, टूटा मन
मेरा अभिशप्त वजूद

सो मैंने खुद को ही
आज इस कूड़ेदान में
डाल दिया है

○

किसी ने आहिस्ता से
मेरे कानों में सरगोशी की है —
'जानते हो
सपने कैसे टूटते - बिखरते हैं'

कई - कई दिनों की
ग़ैर - हाज़िरी के बाद भी
जब वो आये तो मैं
उन्हें इस सरगोशी का राज़
नहीं बता पाया

मुझे ऐसा लगा
शायद यह सरगोशी सही है
सपने अपनी टूट का रास्ता ढूंढते हैं

मैंने सोचा था
लंबी ग़ैर - हाज़िरी के बाद

जज़्बात की रौ में आकर
वो मुझ से लिपट जाएंगे
मुझ पर स्नेह की दुनिया
उंडेल देंगे
और मुझे अपने में भर - भर लेंगे

लेकिन मेरा अंदाज़ा
कितना सही, कितना ग़लत निकला

मैंने यूं ही पूछ लिया था
'आपकी भी बात चली'
जो जवाब मुझे मिला, अधूरा था
मेरी तरह, बिल्कुल अधूरा

परहेज़

शायद यही शब्द
मेरे मन को
पूरी तरह रेखांकित करता है

एक दिन उसने ऐसे ही
शायद बिना सोचे
कह दिया था
'ख़तरा हो सकता है — नहीं'
और मैं, अवाक् रह गया था

उसके शब्द क्या बेमानी हैं
उसका लहजा, उसकी पेश-रफ़्त
सब कुछ क्या बेमानी है

मेरे सवालों के जवाब
शायद नहीं हैं
नहीं हैं

○

इस रात
मेरी बेचैनी के कारणों में
एक और कारण जुड़ गया है

उसका एक छोटा - सा जुमला मेरी
हड्डियों तक को छू गया है

एक तरफ़
एक़रार की बेताबी
जज़्बात का मासूम उभार
थरथराते लब
और सांसों की नज़दीकियां

दूसरी तरफ़
चौकस निगाहों की सपाट दुनिया

मेरे हाथों में
उसी की दी हुई कलम है
इस कलम से लिखी तहरीर क्या मेरी है

रात डरावनी हो गयी है
बिस्तर की सिलवटें
सवाल बनकर
मेरे सामने खड़ी हैं
मैं जवाब क्या दूं
किसको दूं

'और किसी को बुलायेंगे नहीं ना'
जल्दी-जल्दी में
और शायद
बेताब लम्हों की तपिश में
कहा गया यह जुमला
मेरे लिए
विश्वास - अविश्वास की
अनगिनत परतें खोल देता है

थोड़े दिनों की ग़ैर - हाज़िरी के ठीक पहले
यादों की आंच के बदले
उसकी ज़बान से अदा हुआ यह जुमला
ख़ुद मेरी किस सच्चाई को
उजागर करता है

तो उसने
मेरे बारे में
यही राय बनायी है ना

एक बार और
मेरे पास कहने को
और शायद सोचने को भी
बाकी कुछ नहीं रहा है

○

अलगाव की आशंका से सिहरती
इस शाम, और इस रात
मेरी उंगलियों में
उसके स्पर्श की आग ने
कोई हरकत नहीं पैदा की है

सब कुछ
एहसास की ऊपरी, बिल्कुल ऊपरी
सतह तक
सिमट गया है

'फोन पर बात होगी ना' —
जैसे शून्य में उसके शब्द गूंजे हैं
'फ़ोन ज़रूर करना, मुझे इंतज़ार रहेगा' —
मैंने जैसे अशांत मन से जवाब दिया हो

लेकिन दिल ने सोचा है
कौन जाने
कहीं और से
कोई आ जाए
और मेरे लिए इंतज़ार की घड़ियां
अविश्वास के घटाटोप में डूब जाएं
डूब जाएं

○

ढाई सौ बरस पुरानी दरगाह
की सीढ़ियों पर से ही मुझे
अगरबत्ती की खुश्बू मिलने लगी है

कोई अक़ीदतमंद
मज़ार पर
नयी चादर चढ़ा गया है
मिन्नतों का मौसम है
इसलिए
नए जोड़ों की धूम है

चूंकि रात का वक्त है
दरगाह में आने वालों की
भीड़ कम गयी है

थके-थके, बेख़ाब कदमों से
दरगाह की सीढ़ियां तय करके
मैं खुली छत पर
आ गया हूं

जहां घोर सन्नाटा है
आसपास की
ऊंची इमारतों में
कहीं - कहीं, बत्तियां जलती - बुझती हैं
लेकिन खिड़कियां और दरवाज़े बंद हैं

नीचे, रेतीली जमीन पर
सिलसिलेवार बनी झोंपड़ियां
उजड़ गयी हैं
माल - मवेशी
दरगाह की बाहरी दीवारों तक
सिमट आए हैं

रेत
अब रेत नहीं रह गयी है
पानी की लहरों ने
रेत पर बने निशानात
मिटा दिए हैं
यहां से वहां तक
अब सिर्फ लहरें हैं
पानी की तेज़, शफ़्फ़ाक़ लहरें
पानी की, या लहू की

माहीगीर नाव समेत
बालू की आख़िरी खेप उतार कर

उस पार लौट गए हैं
पानी के सीने पर उनकी हलचलें
इस वक़्त
बिल्कुल शांत, पुरसुकून हैं
थोड़ी - थोड़ी देर पर
मंद - मंद हवाएं चल रही हैं
मज़ार के ऊपर
सायादार पेड़ की शाख़ें
कभी - कभी
नीम - सर्द हवाओं के ख़ौफ़ से
हिल - डोल जाती हैं, और
कमज़ोर रिश्तों वाली पत्तियां
शाखों से टूट - टूटकर
अलग हो जाती हैं

लेकिन मैं इस वक्त
रात की तारीकी में
दरगाह की ऊपरी छत पर
रेलिंग से लगा
क्या सोच रहा हूं

अपनी हथेलियों से
बार - बार मैं
अपनी आंखें ढंक लेता हूं
दर असल मैं

पानी की, या लहू की, लहरों से
मिलकर आने वाली
मंद हवाओं को
अपने बदन के पोर - पोर में
जज़्ब कर लेना चाहता हूं

मैं नहीं जानता
सारी रात
खुले आसमान के नीचे
दरगाह की खुली छत पर
खामोश निगाहों से
पानी की, या लहू की
लहरों को देखते रहने का
सबब क्या है

कहां गए होंगे
रेत पर बसे लोग
यहां से उठकर
कहां गए होंगे
रेत पर बने निशानात
यहां से मिटकर —

मेरे ज़ेहन में उठने वाले
इस सवाल का जवाब
कौन देगा

○